Stefan Stampfli

AF285078

ERFOLGREICH LEBEN MIT KÜNSTLICHER INTELLIGENZ

Stefan Stampfli

ERFOLGREICH LEBEN MIT KÜNSTLICHER INTELLIGENZ

Entdecke die Macht, die dein Leben für immer verändern wird.

2. Auflage 2023

Website zum Buch: www.erfolgreich-mit-ki.ch

Bibliografische Information der Deutschen Nationalbibliothek:
Die Deutsche Nationalbibliothek verzeichnet diese Publikation
in der Deutschen Nationalbibliografie; detaillierte bibliografische Daten sind im Internet über http://dnb.dnb.de abrufbar.

Herstellung und Verlag: BoD – Books on Demand, Norderstedt

ISBN: 978-3-7578-2442-6

INHALTSVERZEICHNIS

VORWORT

Herzlich willkommen in der faszinierenden Welt der Künstlichen Intelligenz (KI), auch Artificial Intelligence (AI) genannt. Beide Bezeichnungen stehen für dieselbe Technologie in unterschiedlichen Sprachen; Deutsch «KI» und Englisch «AI».

In den letzten Jahrzehnten hat sich die Welt der Technologie rapide weiterentwickelt, und KI hat dabei eine entscheidende Rolle gespielt. Von selbstfahrenden Autos bis hin zu intelligenten Sprachassistenten wie Alexa, Siri und Google Assistent hat KI unseren Alltag revolutioniert.

In diesem Buch werden wir uns ausführlich mit Künstlicher Intelligenz befassen und die faszinierende Welt hinter dieser Technologie erkunden. Du wirst die Grundlagen der KI kennenlernen, ihre verschiedenen Anwendungen in verschiedenen Bereichen erkunden und einen Blick in die Zukunft werfen, um zu verstehen, welche Chancen und Herausforderungen dich erwarten.

Die Idee von Maschinen, die in der Lage sind, Aufgaben auszuführen und Probleme zu lösen, ähnlich wie ein menschliches Gehirn, hat unsere Vorstellungskraft beflügelt. Doch Künstliche Intelligenz ist nicht nur ein Thema für Bücher und Filme, sondern eine reale Technologie, die bereits unseren Alltag prägt und noch viel mehr Potenzial, Chancen aber auch Gefahren mit sich birgt.

Auf den folgenden Seiten werden wir die verschiedenen Arten von KI untersuchen, von schwacher KI, die auf spezifische Aufgaben spezialisiert ist, bis hin zur starken KI, die in der Lage ist, menschenähnliche Intelligenz zu besitzen. Wir werden die ethischen und gesellschaftlichen Konsequenzen von KI anschauen und uns mit den Herausforderungen und Möglichkeiten auseinandersetzen, die diese Technologie für die Zukunft bereithält.

Tauche ein in die faszinierende Welt der Künstlichen Intelligenz und entdecke ihre transformative Kraft. Dieses Buch bietet eine spannende Einführung in ein zukunftsweisendes Technologiefeld, das unsere Welt nachhaltig prägen wird.

KAPITEL 1:
EINFÜHRUNG IN KI

Bevor du eine KI bedienst, ist es hilfreich, die Grundlagen zu verstehen. Du musst kein Experte sein, aber ein Basiswissen darüber, was KI ist und wie sie funktioniert, kann sehr nützlich sein. In diesem Kapitel werden wir die Grundlagen der KI erkunden und dir einen Überblick über ihre verschiedenen Aspekte geben. Bereit? Dann lass uns loslegen!

WAS IST KÜNSTLICHE INTELLIGENZ?

Künstliche Intelligenz bezieht sich auf die Fähigkeit von Computern oder Maschinen, Aufgaben auszuführen, die normalerweise menschliche Intelligenz erfordern würden. Es geht darum, Maschinen mit der Fähigkeit auszustatten, Informationen zu verarbeiten, zu lernen, zu verstehen und Entscheidungen zu treffen.

Es gibt verschiedene Arten von KI, die je nach ihrer Fähigkeit, menschenähnliche Intelligenz zu imitieren, kategorisiert werden. Schwache KI, auch bekannt als Narrow AI, bezieht sich auf Systeme, die auf spezifische Aufgaben spezialisiert sind, wie Bilderkennung oder Sprachübersetzung.

Auf der anderen Seite steht die starke KI, auch bekannt als General AI, die die Fähigkeit hätte, menschenähnliche Intelligenz in verschiedenen Aufgabenbereichen zu zeigen. Starke KI ist bis heute (Anfang 2023) noch hypothetisch und Gegenstand intensiver Forschung und Diskussion. Jedoch schreitet die Entwicklung rasch voran.

DIE GESCHICHTE DER KI

Die Idee von Maschinen, die wie Menschen denken und handeln können, ist schon seit langem ein Thema der menschlichen Fantasie. Die Wurzeln der KI reichen bis in die 1950er Jahre zurück, als Wissenschaftler begannen, Computerprogramme zu entwickeln, die in der Lage waren, bestimmte Aufgaben zu erledigen.

Im Laufe der Jahre haben sich verschiedene Ansätze zur Künstlichen Intelligenz entwickelt. Von der logischen KI, die auf formalen Regeln basiert, bis hin zu einer KI, die Wahrscheinlichkeiten verwendet, um Unsicherheit zu bewältigen, gibt es eine Vielzahl von Techniken und Methoden, die zur Entwicklung von intelligenten Systemen eingesetzt werden.

DIE ZUKUNFT VON KÜNSTLICHER INTELLIGENZ

Die Entwicklung der Künstlichen Intelligenz hat bereits erstaunliche Fortschritte gemacht, und es ist sicher, dass sie auch weiterhin unsere Welt verändern wird. Die Zukunft von KI birgt sowohl Chancen als auch Risiken. Auf der einen Seite bietet KI enorme Potenziale, um komplexe Probleme zu lösen, Effizienz zu steigern und neue innovative Lösungen zu entwickeln. Sie kann in Bereichen wie Marketing, Bildung, Finanz- oder Gesundheitswesen, Transport, Handel und vielen anderen einen positiven Einfluss haben. Andererseits werfen Fortschritte in der KI auch Fragen und Bedenken auf. Ethische Überlegungen, Datenschutz, Arbeitsplatzveränderungen und die Verantwortung der Menschen bei der Entwicklung und Nutzung von KI sind wichtige Aspekte, die berücksichtigt werden müssen.

Die Zukunft von KI wird von uns geformt. Es liegt in unserer Verantwortung sicherzustellen, dass KI zum Wohl der Gesellschaft eingesetzt wird und die damit verbundenen Risiken minimiert werden. Entscheiden ist, dass wir jetzt handeln und die Weichen stellen. Es braucht global geltende Regeln für die Entwicklung und den Betrieb von KI. Dadurch wird aber nicht sichergestellt, dass sich alle daran halten und KI nicht zum Risiko für die Menschen wird.

In den kommenden Kapiteln werden wir tiefer in die verschiedenen Aspekte der KI eintauchen. Wir werden die Funktionsweise von KI-Algorithmen untersuchen, uns mit maschinellem Lernen und neuronalen Netzen beschäftigen und einen Blick auf aktuelle und zukünftige Anwendungen werfen.

*ALGORITHMEN SIND SCHRITTWEISE
ANWEISUNGEN, DIE EINEM COMPUTER
HELFEN, BESTIMMTE AUFGABEN ZU
ERLEDIGEN ODER PROBLEME ZU
LÖSEN, ÄHNLICH WIE EIN REZEPT, DAS
ANGIBT, WELCHE SCHRITTE ZU
BEFOLGEN SIND, UM EIN BESTIMMTES
GERICHT ZUZUBEREITEN.*

Du wirst verstehen, wie KI in der Lage ist, Muster und Zusammenhänge in grossen Datenmengen zu erkennen, wie sie lernen kann, sich selbst zu verbessern und wie sie Entscheidungen trifft. Wir werden auch über die Grenzen der KI sprechen und uns mit den aktuellen Debatten und Entwicklungen in diesem Bereich auseinandersetzen.

Ich bin begeistert, dass du dich auf diese Reise in die Welt der Künstlichen Intelligenz begibst. Lasst uns gemeinsam die faszinierenden Möglichkeiten erkunden, die uns die KI bietet, und die Auswirkungen, die sie auf unsere Gesellschaft haben kann.

ETHISCHE FRAGEN UND VERANTWORTUNG

Mit dem Fortschreiten der KI stellen sich auch ethische Fragen und Herausforderungen. Zum Beispiel besteht die Gefahr von Datenschutzverletzungen, wenn sensible Informationen durch KI-Systeme verarbeitet werden. Auch die Verzerrung von Entscheidungen und Vorurteile durch KI-Algorithmen sind wichtige Anliegen, die angegangen werden müssen. Es liegt in unserer Verantwortung, sicherzustellen, dass KI-Systeme transparent, fair und verantwortungsvoll entwickelt und eingesetzt werden. Richtlinien und Standards müssen entwickelt werden, um sicherzustellen, dass KI zum Nutzen der Gesellschaft eingesetzt wird und sie grundlegende Menschenrechte respektiert.

FRAGEN UND DISKUSSION

Bevor wir zum nächsten Kapitel übergehen, möchte ich dir die Möglichkeit geben, Fragen zu stellen oder deine Gedanken und Eindrücke zu teilen. Künstliche Intelligenz ist ein umfangreiches Thema, und es ist normal, dass dabei Fragen aufkommen.

Vielleicht möchtest du mehr über spezifische Anwendungen von KI wissen oder hast Bedenken hinsichtlich ethischer Aspekte. Vielleicht möchtest du auch nur deine Meinung zur Entwicklung von KI teilen. Egal, was es ist, zögere nicht, es anzusprechen.

Meine kostenlose Facebookgruppe bietet dir die Möglichkeit, dich mit anderen Lesern auszutauschen und unterschiedliche Perspektiven zu hören. Das gemeinsame Lernen und Diskutieren kann dazu beitragen, ein umfassenderes Verständnis von Künstlicher Intelligenz zu entwickeln.

Weiterführende Informationen und den Link zur kostenlosen Gruppe findest du unter: www.erfolgreich-mit-ki.ch

Ich bin gespannt auf deine Fragen und Beiträge. Gemeinsam können wir unsere Erkenntnisse vertiefen und uns weiter in die faszinierende Welt der KI hineinbegeben.

In diesem Kapitel hast du einen breiten Überblick über Künstliche Intelligenz erhalten, von ihrer Definition und Geschichte bis hin zu aktuellen Anwendungen und ethischen Überlegungen. Im nächsten Kapitel wirst du mehr über die verschiedenen Arten von KI erfahren.

KAPITEL 2:
KI-ARTEN UND DEREN EINSATZ

Erhalte einen Einblick in die faszinierende Welt der Künstlichen Intelligenz, von Expertensystemen bis hin zu neuronalen Netzwerken - entdecke die Vielfalt der KI-Arten und ihren vielseitigen Einsatz in unserem Alltag.

ANWENDUNGEN VON KI

Die Anwendungsmöglichkeiten von Künstlicher Intelligenz sind nahezu grenzenlos und haben bereits zahlreiche Bereiche beeinflusst. In der Medizin ermöglicht KI beispielsweise präzisere Diagnosen und Prognosen, unterstützt Ärzte bei der Entscheidungsfindung und trägt zur personalisierten Medizin bei.

Im Bereich des Handels und der Finanzen wird KI eingesetzt, um Marktanalysen durchzuführen, Handelsstrategien zu optimieren und Betrug zu erkennen. In der Logistikindustrie kann KI die Effizienz von Lieferketten verbessern und bei der Routenplanung helfen.

Auch in der Unterhaltungsbranche spielt KI eine wichtige Rolle. Empfehlungssysteme nutzen KI, um personalisierte Vorschläge für Filme, Musik oder Bücher zu machen (beispielsweise auf YouTube, TikTok, Spotify etc.). In der Gaming-Industrie ermöglicht KI realistische virtuelle

Charaktere und intelligentes Verhalten von NPCs (Non-Player Characters).

NPCS (NON-PLAYER CHARACTERS) SIND FIGUREN ODER CHARAKTERE IN COMPUTERSPIELEN ODER VIRTUELLEN WELTEN, DIE NICHT VON SPIELERN GESTEUERT WERDEN, SONDERN VOM SPIEL SELBST. SIE WERDEN VOM COMPUTER PROGRAMMIERT, UM BESTIMMTE ROLLEN ODER FUNKTIONEN ZU ERFÜLLEN, SEI ES ALS VERBÜNDETE, GEGNER ODER ALS TEIL DER SPIELUMGEBUNG.

DIE VERSCHIEDENEN ARTEN VON KI

In der Welt der Künstlichen Intelligenz gibt es verschiedene Ansätze und Techniken, die zur Entwicklung von intelligenten Systemen verwendet werden. Diese verschiedenen Arten von Künstlicher Intelligenz unterscheiden sich in ihrem Funktionsprinzip und den verwendeten Algorithmen. Hier sind einige der bekanntesten Arten von Künstlicher Intelligenz:

Schwache KI (Weak AI)

Bei der schwachen Künstlichen Intelligenz handelt es sich um Systeme, die auf spezifische Aufgaben oder Probleme spezialisiert sind. Diese Systeme sind in der Lage, menschenähnliche Fähigkeiten in einem begrenzten Kontext zu simulieren. Ein Beispiel dafür sind Spracherkennungssysteme wie Siri oder Google Assistent, die in der Lage sind, auf Sprachbefehle zu reagieren und einfache Fragen zu beantworten.

Starke KI (Strong AI)

Im Gegensatz zur schwachen Künstlichen Intelligenz strebt die starke Künstliche Intelligenz danach, ein allgemeines Verständnis von Intelligenz zu entwickeln. Starke KI-Systeme sollen in der Lage sein, komplexe Probleme eigenständig zu lösen und menschenähnliche Denk- und Lernprozesse durchzuführen. Diese Art von KI ist jedoch bisher noch nicht vollständig realisiert worden und bleibt ein Ziel in der Forschung.

Maschinelles Lernen (Machine Learning)

Das maschinelle Lernen ist ein Teilbereich der Künstlichen Intelligenz, der sich mit Algorithmen und Techniken beschäftigt, die es Computern ermöglichen, aus Erfahrungen zu lernen und Muster in Daten zu erkennen, ohne explizit programmiert zu werden. Es gibt verschiedene Ansätze im maschinellen Lernen, darunter überwachtes Lernen, unüberwachtes Lernen und bestärkendes Lernen, die in Abhängigkeit von den verfügbaren Daten und dem gewünschten Ziel verwendet werden.

Neuronale Netzwerke
Neuronale Netzwerke sind ein leistungsfähiger Ansatz im maschinellen Lernen, der von der Funktionsweise des menschlichen Gehirns inspiriert ist. Diese Netzwerke bestehen aus miteinander verbundenen künstlichen Neuronen, die Informationen verarbeiten und lernen können. Sie werden oft für Aufgaben wie Bilderkennung, Sprachverarbeitung und Prognosen eingesetzt.

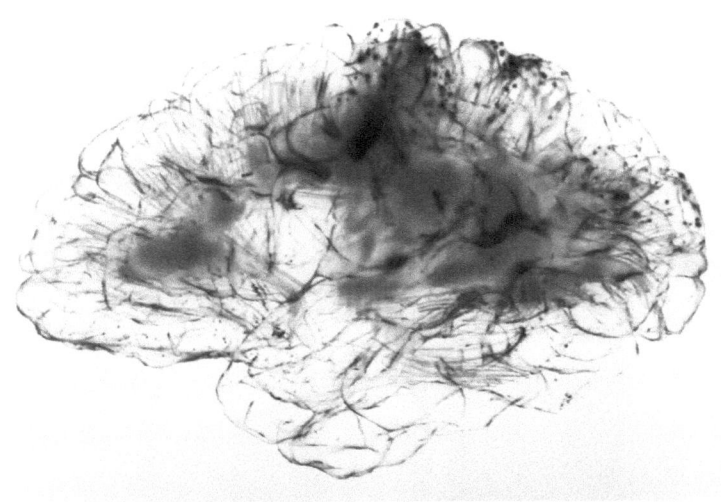

Expertensysteme

Expertensysteme sind Computerprogramme, die das Wissen und die Erfahrung von menschlichen Experten auf einem bestimmten Gebiet nachbilden. Sie verwenden Regeln und logische Schlussfolgerungen, um spezifische Probleme zu lösen oder Entscheidungen zu treffen. Expertensysteme finden Anwendung in Bereichen wie Medizin, Finanzen und Ingenieurwesen.

Genetische Algorithmen

Genetische Algorithmen sind besondere Algorithmen, die auf den Prinzipien der natürlichen Evolution beruhen. Sie nutzen eine zufällige Suche und schrittweise Verbesserungen, um Lösungen für schwierige Probleme zu finden. Genetische Algorithmen werden in verschiedenen Bereichen eingesetzt, zum Beispiel bei der Optimierung von Produktionsprozessen.

HERZLICHEN GLÜCKWUNSCH!

Du hast das erste Kapitel dieses Buches über Künstliche Intelligenz erfolgreich abgeschlossen. Du hast nun bereits eine solide Grundlage über die Definition, Funktionsweise und Anwendungen von KI.

Im nächsten Kapitel werden wir tiefer in die verschiedenen Arten von KI-Algorithmen eintauchen und verstehen, wie sie funktionieren und angewendet werden. Wir werden uns mit Konzepten wie überwachtem und unüberwachtem Lernen, Verstärkungslernen und anderen maschinellen Lernmethoden auseinandersetzen.

Dabei werden wir auch einige praktische Beispiele betrachten, um zu sehen, wie KI-Algorithmen in der realen Welt eingesetzt werden. Du wirst verstehen, wie sie in der Bilderkennung, Sprachverarbeitung, Prädiktiven Analytik (vorhersagende Analyse) und vielen anderen Bereichen angewendet werden können.

Des Weiteren werden wir auch die Grenzen und Herausforderungen der Künstlichen Intelligenz beleuchten. Obwohl KI beeindruckende Fortschritte gemacht hat, gibt es immer noch Bereiche, in denen sie ihre Grenzen hat und menschliche Intelligenz nicht vollständig ersetzen kann.

Du wirst auch erfahren, wie KI die Arbeitswelt beeinflusst und welche Auswirkungen sie auf verschiedene Branchen hat. Es ist wichtig, die potenziellen Auswirkungen von KI auf die Arbeitsplätze und die Notwendigkeit der Umschulung und Anpassungsfähigkeit der Menschen zu verstehen.

Zusätzlich werden wir uns mit den ethischen Fragen im Zusammenhang mit KI auseinandersetzen. Der verantwortungsvolle Einsatz von KI erfordert, dass wir uns mit Fragen der Privatsphäre, Vorurteilen in Algorithmen und der Verantwortung für die Entscheidungen von KI-Systemen befassen.

Ich hoffe, du bist genauso aufgeregt wie ich, in die folgenden Kapitel einzutauchen und mehr über die faszinierende Welt der Künstlichen Intelligenz zu erfahren. Lass uns gemeinsam weitergehen und unsere Reise fortsetzen!

KAPITEL 3:
DIE FUNKTIONSWEISE VON KI

Um Künstliche Intelligenz besser zu verstehen, ist es wichtig, einen Einblick in ihre Funktionsweise zu bekommen. KI basiert momentan noch auf Algorithmen, die in der Lage sind, Informationen zu verarbeiten und Muster zu erkennen. Diese Algorithmen verwenden Daten als Grundlage für ihre Entscheidungsfindung und können durch maschinelles Lernen immer besser werden.

Beim maschinellen Lernen durchläuft ein KI-System mehrere Wiederholungen, in denen es Daten analysiert, Muster identifiziert und seine Leistung aufgrund von Rückmeldungen verbessert. Es gibt verschiedene Arten des maschinellen Lernens, wie überwachtes Lernen, bei dem das System mit gekennzeichneten Daten trainiert wird, oder unüberwachtes Lernen, bei dem das System Muster in den Daten eigenständig erkennt.

Eine weitere wichtige Komponente der KI sind neuronale Netze. Diese Netzwerke, die von der Struktur des menschlichen Gehirns inspiriert sind, bestehen aus künstlichen Neuronen, die miteinander verbunden sind. Durch das Training des neuronalen Netzwerks können komplexe Zusammenhänge und Abhängigkeiten in den Daten erkannt werden. Künstliche Intelligenz, basierend auf neuronalen

Netzen, wird in Zukunft vermutlich die Hauptrolle spielen.

DIE VERSCHIEDENEN ARTEN VON ALGORITHMEN

In diesem Kapitel werden wir uns mit den verschiedenen Arten von KI-Algorithmen befassen, um zu verstehen, wie sie funktionieren und angewendet werden.

ÜBERWACHTES LERNEN

Eine der momentan häufigsten Formen des maschinellen Lernens ist das überwachte Lernen. Bei dieser Methode wird ein KI-Modell mit einem Satz von Beispieldaten trainiert, bei denen jeder Datensatz mit einer entsprechenden Ausgabe oder einem Label versehen ist. Das Modell lernt dann, Muster in den Daten zu erkennen und kann anschliessend neue Eingaben klassifizieren oder vorhersagen.

Ein bekanntes Beispiel für überwachtes Lernen ist das Training eines Modells, um Bilder von Katzen und Hunden zu unterscheiden. Das Modell wird mit einer Vielzahl von Bildern von Katzen und Hunden trainiert, die entsprechend gekennzeichnet sind. Es lernt die spezifischen Merkmale zu erkennen, die Katzen von Hunden unterscheidet, und kann dann neue Bilder klassifizieren.

UNÜBERWACHTES LERNEN

Im Gegensatz zum überwachten Lernen gibt es auch das unüberwachte Lernen. Hier werden KI-Modelle ohne vorherige Labels (Markierungen) oder Ausgaben trainiert. Das Ziel besteht darin, verborgene Strukturen oder Muster in den Daten zu entdecken, ohne spezifische Vorhersagen zu treffen.

Ein Beispiel für unüberwachtes Lernen ist die sogenannte Clusteranalyse. Hier werden Datenpunkte in Gruppen oder Bündel eingeteilt, basierend auf Ähnlichkeiten oder Mustern in den Daten selbst. Dies kann helfen, verborgene Zusammenhänge oder Kategorien zu identifizieren.

VERSTÄRKUNGSLERNEN

Eine weitere wichtige Methode des maschinellen Lernens ist das Verstärkungslernen. Hier wird ein KI-Modell trainiert, um bestimmte Aktionen in einer bestimmten Umgebung auszuführen. Das Modell erhält Rückmeldungen in Form von Belohnungen oder Strafen, je nachdem, ob die durchgeführte Aktion erfolgreich war oder nicht. Das Ziel besteht darin, das Modell zu trainieren, über die Zeit hinweg die besten Aktionen zu lernen, um eine bestimmte Aufgabe zu erfüllen.

Ein klassisches Beispiel für Verstärkungslernen ist das Training eines Schachprogramms. Das Modell spielt gegen sich selbst und erhält Belohnungen für gute Züge und Strafen für schlechte Züge. Im Laufe der Zeit lernt es, die besten Züge in verschiedenen Situationen auszuwählen und wird immer besser im Schachspiel.

Diese drei Arten von KI-Algorithmen sind nur ein Ausschnitt aus der Vielfalt der existierenden Methoden im Bereich des maschinellen Lernens. Jeder Algorithmus hat seine eigenen Vor- und Nachteile und eignet sich für verschiedene Anwendungsbereiche.

Ich hoffe, dass dir diese Einführung in die verschiedenen Arten von KI-Algorithmen geholfen hat. In den folgenden Abschnitten dieses Kapitels werden wir uns tiefer mit diesen Algorithmen befassen und verstehen, wie sie genau funktionieren. Du wirst Beispiele sehen und lernen, wie du sie selbst anwenden kannst.

ÜBERWACHTES LERNEN IM DETAIL

Überwachtes Lernen ist eine leistungsstarke Methode des maschinellen Lernens, bei der ein KI-Modell mit Eingabe-Daten trainiert wird, die mit den entsprechenden Ausgaben oder Labels verknüpft sind. Das Ziel besteht darin, das Modell zu lehren, die Beziehung zwischen den Eingabe-Daten und den entsprechenden Ausgaben zu verstehen und daraus Vorhersagen für neue Eingaben zu treffen.

Um das Konzept des überwachten Lernens besser zu verstehen, betrachten wir ein einfaches Beispiel: die Klassifizierung von E-Mails als Spam oder Nicht-Spam. Angenommen, du hast einen Datensatz von E-Mails, bei denen jede E-Mail entweder als Spam gekennzeichnet ist (Ausgabe "Spam") oder nicht (Ausgabe "Nicht-Spam").
Beim Training des KI-Modells werden die E-Mails als Eingabe-Daten verwendet, und das Modell lernt, Muster in den E-Mails zu erkennen, die auf Spam hinweisen oder nicht. Es passt seine internen Parameter an, um diese Muster optimal zu erfassen. Anschliessend kann das trainierte

Modell neue E-Mails analysieren und vorhersagen, ob es sich um Spam handelt oder nicht.

Die Qualität des trainierten Modells hängt von der Menge und Qualität der Trainingsdaten ab. Je mehr hochwertige Trainingsdaten zur Verfügung stehen, desto besser kann das Modell lernen, allgemeine Muster zu erkennen und genaue Vorhersagen zu treffen.

Beim überwachten Lernen (Lernen mit Hilfe von bereits bekannten Daten) gibt es verschiedene Arten von Regeln, die uns helfen können, Vorhersagen zu machen. Zum Beispiel gibt es die lineare Beziehung (eine Methode, um zu verstehen, wie Dinge zusammenhängen), die logistische Vorhersage (eine Methode, um herauszufinden, ob etwas passieren wird oder nicht, basierend auf dem, was wir wissen) - zum Beispiel, ob ein Kunde etwas kauft oder nicht, basierend auf Faktoren wie Alter und Einkommen.

Es gibt auch Entscheidungswege (eine Methode, um Regeln zu folgen), Zufallswälder (wenn wir viele Entscheidungswege kombinieren) und neuronale Netzwerke (eine Art Computer-Netzwerk, das wie ein menschliches Gehirn denken kann). Jede Regel hat ihre eigenen Stärken und wird in verschiedenen Situationen verwendet, um uns zu helfen.

Im nächsten Abschnitt werden wir uns mit unüberwachtem Lernen befassen und verstehen, wie dieses Verfahren funktioniert.

Bis dahin empfehle ich dir, weiterhin Fragen zu notieren und dich aktiv mit dem Thema auseinanderzusetzen. Je mehr du in das Thema eintauchst, desto besser wirst du die verschiedenen Algorithmen des maschinellen Lernens verstehen und anwenden können.

Weiterführende Informationen und den Link zur kostenlosen Gruppe findest du unter:
www.erfolgreich-mit-ki.ch

Lass uns nun in das spannende Feld des unüberwachten Lernens eintauchen und mehr darüber erfahren, wie KI-Modelle aus Daten lernen können, ohne vorherige Labels oder Ausgaben zu haben.

UNÜBERWACHTES LERNEN IM DETAIL

Beim unüberwachten Lernen stehen uns keine vorherigen Labels (Markierungen) oder Ausgaben zur Verfügung. Stattdessen geht es darum, verborgene Strukturen und Muster in den Daten zu entdecken. Dies kann uns helfen, neue Einblicke und Erkenntnisse zu gewinnen und die Daten in sinnvolle Gruppen oder Kategorien zu unterteilen.

Ein bekanntes Verfahren des unüberwachten Lernens ist die Clusteranalyse (Gruppierung). Hierbei werden Datenpunkte basierend auf ihrer Ähnlichkeit oder ihren gemeinsamen Eigenschaften in Gruppen oder Cluster (Bündel) eingeteilt. Das Ziel besteht darin, ähnliche Datenpunkte zusammenzufassen und gleichzeitig die Unterschiede zwischen den Clustern zu maximieren.

Ein Beispiel für die Anwendung der Clusteranalyse ist die Segmentierung von Kunden in einer Marketingstudie. Indem man verschiedene Merkmale wie Alter, Einkommen und Kaufverhalten analysiert, kann man Kunden in Gruppen einteilen, die ähnliche Eigenschaften aufweisen. Diese Informationen können dann genutzt werden, um personalisierte Marketingstrategien für jede Kundengruppe zu entwickeln.

Ein weiteres Verfahren des unüberwachten Lernens ist die Vereinfachung. Dabei werden schwierige Datensätze mit vielen Eigenschaften in einen kleineren Raum umgewandelt, um wichtige Informationen zu behalten und gleichzeitig den Speicherplatz und Berechnungsaufwand zu reduzieren. Eine Methode, die oft benutzt wird, nennt sich "Hauptkomponentenanalyse" (PCA).

Unüberwachtes Lernen bietet eine Vielzahl von Möglichkeiten, um verborgene Strukturen in den Daten zu entdecken und uns neue Einblicke zu geben. Es ermöglicht uns, Muster zu erkennen, die wir möglicherweise nicht bewusst wahrgenommen haben, und kann als Vorbereitung für weitere Analyse- oder Entscheidungsprozesse dienen.
Im nächsten Abschnitt werden wir uns mit dem Verstärkungslernen beschäftigen, einer weiteren wichtigen Methode des maschinellen Lernens. Dabei geht es darum, ein KI-Modell durch Rückmeldungen zu trainieren, um die besten Aktionen in einer bestimmten Umgebung zu erlernen.

Ich hoffe, dass dir diese Einführung in das unüberwachte Lernen einen Einblick in seine Funktionsweise und Anwendungsmöglichkeiten gegeben hat. Fortgeschrittene Algorithmen und Techniken in diesem Bereich eröffnen spannende Möglichkeiten, um neue Erkenntnisse aus den Daten zu gewinnen.

Lass uns nun weitergehen und das Verstärkungslernen genauer betrachten.

Verstärkungslernen im Detail

Beim Verstärkungslernen geht es darum, ein KI-Modell zu trainieren, um bestimmte Aktionen in einer bestimmten Umgebung auszuführen. Das Modell wird in einer Umgebung platziert und erhält Rückmeldungen in Form von Belohnungen oder Strafen, je nachdem, ob die durchgeführte Aktion erfolgreich war oder nicht.

Das Ziel besteht darin, das Modell zu trainieren, über die Zeit hinweg die besten Aktionen zu erlernen, um eine bestimmte Aufgabe zu erfüllen und die erwarteten Belohnungen zu maximieren. Das Modell lernt, indem es verschiedene Aktionen ausprobiert und die resultierenden Belohnungen oder Strafen beobachtet.

Ein gutes Beispiel für Verstärkungslernen ist das Training eines autonomen Roboters, um ein Hindernisparcours zu bewältigen. Der Roboter startet mit zufälligen Bewegungen und erhält Rückmeldungen in Form von Belohnungen (z.B., wenn er ein Hindernis erfolgreich umfährt) oder Strafen (z.B., wenn er gegen ein Hindernis stösst).

Das Modell lernt mit der Zeit, welche Aktionen in verschiedenen Situationen die besten sind. Es verwendet spezielle Methoden namens Q-Learning-Algorithmen und Deep Q-Networks, um eine supergute Strategie zu entwickeln. Diese helfen ihm dabei, die besten Entscheidungen zu treffen und die besten Handlungen auszuwählen.

Q-LEARNING-ALGORITHMEN *SIND WIE SPEZIELLE ZAUBERTRICKS FÜR KI. SIE HELFEN DEM MODELL DABEI, ZU LERNEN, WELCHE AKTIONEN IN BESTIMMTEN SITUATIONEN AM BESTEN SIND. ES IST EIN BISSCHEN WIE EIN SPIEL, BEI DEM DIE KI STÄNDIG VERSUCHT, DEN BESTEN ZUG ZU FINDEN, UM ZU GEWINNEN.*

DEEP Q-NETWORKS *SIND WIE EIN TEAM VON KLUGEN FREUNDEN FÜR DIE KI. SIE HELFEN IHR DABEI, HERAUSZUFINDEN, WELCHE AKTIONEN IN VERSCHIEDENEN SITUATIONEN DIE BESTEN SIND. DIESE FREUNDE SIND TIEF UND GRÜNDLICH DARIN, ZU ANALYSIEREN, WAS IN DER UMGEBUNG PASSIERT. ZUSAMMEN BILDEN SIE EIN STARKES TEAM, UM DER KI DABEI ZU HELFEN, DIE BESTEN ENTSCHEIDUNGEN ZU TREFFEN.*

Das Verstärkungslernen ist besonders nützlich in Situationen, in denen wir nicht in der Lage sind, vorherige Labels oder Ausgaben bereitzustellen, sondern das Modell durch Erfahrung lernen lassen müssen. Es ermöglicht es dem Modell, in dynamischen und sich verändernden Umgebungen zu agieren und sich anzupassen.

Allerdings stellt das Verstärkungslernen auch einige Herausforderungen dar. Es erfordert häufig eine grosse Menge an Interaktionen mit der Umgebung, um gute Ergebnisse zu erzielen. Zudem kann es schwierig sein, die Belohnungsstruktur so zu gestalten, dass das Modell die gewünschten Verhaltensweisen erlernt.

Immer mehr Anwendungen des Verstärkungslernens finden sich in Bereichen wie Robotik, Spielentwicklung, autonome Fahrzeuge und Entscheidungsfindungssysteme. Es bietet spannende Möglichkeiten, komplexe Aufgaben zu meistern und adaptive Verhaltensweisen zu entwickeln.

BELOHNUNG UND BESTRAFUNG

Wie dir sicherlich aufgefallen ist, war bis jetzt einige Male von Belohnung und Bestrafung die Rede. Vielleicht hast du dich gefragt, was genau dahintersteckt.

Beim Training von Künstlicher Intelligenz (KI) mit Belohnung und Bestrafung geht es darum, der KI beizubringen, bestimmte Aufgaben auf optimale Weise zu lösen. Ähnlich wie bei der Erziehung eines Hundes wird dabei positive Verstärkung (Belohnung) und negative Verstärkung (Bestrafung) verwendet.

Das Ziel beim Training einer KI ist es, ihr beizubringen, wie sie bestimmte Aufgaben oder Probleme lösen kann. Dabei ist es hilfreich, ihr Rückmeldungen zu geben, ob sie auf dem richtigen Weg ist oder nicht. Belohnung und Bestrafung dienen als diese Rückmeldung.

Indem man der KI positive Verstärkung gibt, wenn sie eine gewünschte Aktion oder ein gewünschtes Ergebnis erreicht, wird sie motiviert, dieses Verhalten zu wiederholen und zu verbessern. Das entspricht in gewisser Weise einer Belohnung für ihre Leistung.

Auf der anderen Seite hilft die negative Verstärkung, der KI zu zeigen, dass bestimmte Aktionen oder Ergebnisse unerwünscht sind. Durch die Bestrafung lernt die KI, solche Handlungen zu reduzieren oder zu vermeiden.

Das Prinzip des Verstärkungslernens ermöglicht es der KI, auf Basis von Erfahrungen und Feedback selbstständig zu lernen und ihre Leistung zu optimieren. Es ist eine effektive Methode, um KIs auf komplexe Aufgaben vorzubereiten und sie dazu zu bringen, immer bessere Entscheidungen zu treffen.

Natürlich ist die Anwendung von Belohnung und Bestrafung bei KIs komplexer und erfordert sorgfältige Überlegungen, um mögliche Ethikfragen zu berücksichtigen. Es geht darum, ein ausgewogenes Verhältnis zu finden und sicherzustellen, dass die KI im Einklang mit den gewünschten Zielen und Werten agiert.

Schauen wir uns ein konkretes Beispiel an.

Stellen wir uns vor, wir möchten einen Roboter entwickeln, der lernt, durch einen Raum zu navigieren, ohne Hindernisse zu berühren. Der Roboter ist mit Sensoren ausgestattet, die ihm Informationen über seine Umgebung geben.

Beim Training wird der Roboter zunächst zufällig durch den Raum bewegt. Wenn er erfolgreich Hindernissen ausweicht und keine Kollisionen verursacht, wird er belohnt. Diese Belohnung kann durch ein Signal oder einen Ton ausgedrückt werden, der dem Roboter mitteilt, dass er eine gute Aktion ausgeführt hat.

Wenn der Roboter jedoch ein Hindernis berührt oder eine Kollision verursacht, wird er bestraft. Die Bestrafung kann beispielsweise durch einen anderen Signalton oder eine leichte Vibration ausgelöst werden, um dem Roboter anzuzeigen, dass sein Verhalten unerwünscht ist.

Der Roboter beginnt, seine Aktionen zu analysieren und zu lernen, welche Bewegungen belohnt oder bestraft werden. Im Laufe der Zeit passt er sein Verhalten an und findet Wege, um Hindernisse effektiv zu umgehen, um mehr Belohnungen zu erhalten und Bestrafungen zu vermeiden.

Durch die Wiederholung dieses Prozesses lernt der Roboter, sein Verhalten anzupassen, um erfolgreich durch den Raum zu navigieren, ohne Schäden zu verursachen.

Es ist wichtig zu beachten, dass der Roboter keine tatsächlichen Gefühle hat. Die Belohnungen und Bestrafungen dienen dazu, das Verhalten des Roboters zu steuern und ihm beizubringen, welche Aktionen erwünscht oder unerwünscht sind.

Ich hoffe, dass dir dieser Einblick geholfen hat, die Funktionsweise und Anwendungen besser zu verstehen.

In den kommenden Abschnitten werden wir uns mit weiteren fortgeschrittenen Techniken und Anwendungen des maschinellen Lernens befassen. Wir werden sehen, wie diese Algorithmen in der Praxis eingesetzt werden und welche Herausforderungen damit verbunden sind.

Was ist, weil es schon immer so war,
kann nicht besser werden,
wenn es so bleibt.

Stefan Stampfli

KAPITEL 4:
EINSATZ UND VERANTWORTUNG

Der Einsatz von Künstlicher Intelligenz (KI) hat in den letzten Jahren exponentiell zugenommen und findet in einer Vielzahl von Bereichen Anwendung. Doch während KI viele Vorteile und Potenziale bietet, ist es auch wichtig, dass wir als Menschen die Verantwortung für ihre Entwicklung und Anwendung übernehmen.

Der Mensch trägt die Verantwortung dafür, KI-Systeme so zu gestalten und einzusetzen, dass sie ethischen Grundsätzen folgen. Der Missbrauch von KI zur Manipulation oder Diskriminierung von Menschen muss vermieden werden. Es liegt in der Verantwortung der Entwickler, KI-Systeme fair, transparent und verantwortungsbewusst zu gestalten.

Eine weitere Verantwortung besteht darin, sicherzustellen, dass KI-Systeme nicht nur effizient und effektiv sind, sondern auch menschenzentriert. Der Mensch muss im Mittelpunkt stehen, und KI-Systeme müssen darauf ausgelegt sein, die menschliche Erfahrung zu verbessern und uns bei der Bewältigung komplexer Probleme zu unterstützen. Dabei ist es wichtig, dass KI-Systeme so gestaltet sind, dass sie menschliche Werte, Normen und kulturelle Unterschiede respektieren.

Eine wichtige Verantwortung besteht darin, KI-Systeme auf ihre Verlässlichkeit und Robustheit zu überprüfen. Es ist unerlässlich, dass sie zuverlässige und konsistente Ergebnisse liefern und in der Lage sind, angemessen auf unvorhergesehene Situationen zu reagieren. Dies erfordert gründliche Tests, um sicherzustellen, dass sie in unterschiedlichen Umgebungen und Szenarien zuverlässig funktionieren und keine unerwünschten Nebenwirkungen oder unvorhergesehenen Verhaltensweisen aufweisen. Schauen wir uns die Qualität der Software an, welche wir heute am Computer und in Systemen wie Staubsauger oder Autos nutzen, dann kann einem dies Sorgen bereiten. Dazu muss man aber die Systeme erst verstehen und wissen, wie die Geräte funktionieren sollten und welches ein Fehlverhalten ist. Falls bei der Entwicklung von KI nicht in einer massiv besseren Qualität gearbeitet wird, könnte es für den Menschen verheerende Auswirkungen haben.

ANWENDUNGEN UND HERAUSFORDERUNGEN

Künstliche Intelligenz (KI) hat in den letzten Jahren enorme Fortschritte gemacht und findet Anwendungen in einer Vielzahl von Bereichen. Von der Medizin über die Finanzwelt bis hin zur Automobilindustrie gibt es unzählige Möglichkeiten, KI-Technologien einzusetzen, um komplexe Probleme zu lösen und die Effizienz zu verbessern.

Ein Bereich, in dem KI bereits grosse Fortschritte gemacht hat, ist die Bilderkennung. KI-Modelle können inzwischen mit hoher Genauigkeit Bilder analysieren und Objekte, Gesichter oder sogar Stimmungen erkennen. Dies kommt beispielsweise zur Anwendung in der Sicherheit, oder der medizinischen Bildgebung.

Ein weiterer Anwendungsbereich ist die natürliche Sprachverarbeitung. KI-Modelle können menschliche Sprache verstehen und generieren, was zu Fortschritten bei der automatischen Übersetzung, der Spracherkennung und der Chatbot-Technologie geführt hat.

In der Medizin ermöglicht KI eine genauere Diagnosestellung und personalisierte Behandlungspläne. KI-Modelle können grosse Mengen an medizinischen Daten analysieren und Muster erkennen, die Ärzten helfen, bessere Entscheidungen zu treffen und Krankheiten frühzeitig zu erkennen.

Die Finanzbranche nutzt KI für den Hochfrequenzhandel, um komplexe Marktanalysen durchzuführen und Handelsentscheidungen in Echtzeit zu treffen. KI-Modelle können riesige Mengen an Finanzdaten analysieren und dabei helfen, Muster und Trends zu identifizieren, um profitable Investitionsstrategien zu entwickeln.

Obwohl KI enorme Potenziale bietet, gibt es auch Herausforderungen, die es zu überwinden gilt. Eine der grössten Herausforderungen besteht darin, sicherzustellen, dass KI-Modelle fair und ethisch sind. Es ist wichtig, dass KI-Systeme keine Vorurteile oder Diskriminierung reproduzieren und die Privatsphäre der Nutzer respektieren.

Eine weitere Herausforderung ist die Erklärbarkeit von KI-Entscheidungen. KI-Modelle basieren auf komplexen mathematischen Algorithmen, deren Funktionsweise für Menschen oft schwer nachvollziehbar ist. Es ist wichtig, dass KI-Entscheidungen transparent und nachvollziehbar sind, insbesondere in Bereichen wie der Medizin und dem Rechtswesen.

Ausserdem müssen wir uns mit den Auswirkungen von KI auf die Arbeitswelt auseinandersetzen. KI-Systeme haben das Potenzial, viele Arbeitsplätze zu automatisieren, was zu sozialen und wirtschaftlichen Veränderungen führen wird. Es ist wichtig, sich auf die Umschulung und Anpassung von Arbeitskräften vorzubereiten, um die Chancen der KI-Revolution optimal zu nutzen. Du hast glücklicherweise mit dem Erwerb dieses Buches schon einen wichtigen Schritt getan, um dich über die neue Technologie zu informieren. Herzlichen Dank schon mal an dieser Stelle.

In den kommenden Kapiteln werden wir uns tiefer mit diesen Herausforderungen und anderen Aspekten der

Künstlichen Intelligenz befassen. Wir werden anschauen, wie KI verantwortungsvoll eingesetzt werden kann und welche Zukunftsprognosen es gibt.

Ich hoffe, dass dieser Einblick in die Anwendungen und Herausforderungen der Künstlichen Intelligenz dein Interesse geweckt hat. Lass uns nun tiefer in die faszinierende Welt der KI eintauchen und weitere Aspekte erkunden.

ETHIK UND VERANTWORTUNG

In den letzten Jahren hat die Debatte über Ethik und Verantwortung in der Künstlichen Intelligenz stark zugenommen. Angesichts der weitreichenden Auswirkungen von KI auf verschiedene Bereiche des Lebens ist es von entscheidender Bedeutung, die ethischen Dimensionen dieser Technologie zu beachten und sicherzustellen, dass sie zum Wohl der Gesellschaft eingesetzt wird.

Eine der zentralen Fragen in der Ethik der Künstlichen Intelligenz ist die Frage der Fairness und Gerechtigkeit. KI-Systeme basieren auf Trainingsdaten, die menschliche Vorurteile und Ungleichheiten widerspiegeln können. Dies kann zu diskriminierenden Entscheidungen führen, beispielsweise bei der Bewerberselektion oder Kreditvergabe. Es ist wichtig, KI-Modelle so zu gestalten, dass sie fair und gerecht agieren und keine bestehenden Ungleichheiten verstärken.

Ein weiteres ethisches Thema betrifft die Privatsphäre und den Datenschutz. KI-Modelle arbeiten oft mit grossen Mengen an personenbezogenen Daten. Es ist wichtig, dass diese Daten geschützt und verantwortungsvoll verwendet werden. Transparenz und informierte Einwilligung sind entscheidende Prinzipien, um sicherzustellen, dass die Privatsphäre der Menschen respektiert wird und ihre Daten nicht missbraucht werden.

*INFORMIERTE EINWILLIGUNG
BEDEUTET, DASS MAN JEMANDEM
KLARE UND VERSTÄNDLICHE
INFORMATIONEN GIBT, BEVOR MAN
VON IHM ETWAS VERLANGT ODER
BEVOR MAN ETWAS MIT SEINEN DATEN
MACHT. DADURCH KANN DIE PERSON
EINE BEWUSSTE ENTSCHEIDUNG
TREFFEN UND ZUSTIMMEN ODER
ABLEHNEN, BASIEREND AUF DEM
VERSTÄNDNIS DESSEN, WAS PASSIEREN
WIRD.*

Ein weiterer wichtiger Aspekt ist die Verantwortung für die Entscheidungen, die von KI-Systemen getroffen werden. Wenn KI-Modelle autonome Entscheidungen treffen, müssen wir klären, wer die Verantwortung für mögliche Fehler oder Schäden trägt. Es ist notwendig, klare rechtliche und regulatorische Rahmenbedingungen zu schaffen, um Haftungsfragen angemessen zu behandeln.

Darüber hinaus stellt sich die Frage der Arbeitsplatzveränderungen durch den Einsatz von KI. Während KI-Technologien die Effizienz steigern können, besteht die Gefahr von Arbeitsplatzverlusten und sozialer Ungleichheit. Es ist wichtig, heute schon Massnahmen zu ergreifen, um die Auswirkungen auf die Arbeitswelt zu mildern und die Menschen auf die sich verändernde Arbeitslandschaft vorzubereiten.

Um den ethischen Herausforderungen der Künstlichen Intelligenz gerecht zu werden, sind verschiedene Ansätze erforderlich. Dies umfasst die Einbeziehung verschiedener Interessengruppen wie Forscher, Technologieunternehmen, Regulierungsbehörden und die breitere Öffentlichkeit in die Diskussionen und Entscheidungsprozesse. Es ist wichtig, die ethischen Prinzipien in den Entwicklungsprozess von KI-Technologien zu integrieren und eine ethische Kultur zu fördern.

Im nächsten Kapitel werden wir uns mit zukünftigen Trends und Entwicklungen in der Künstlichen Intelligenz befassen.

ZUKUNFTSTRENDS

Die Zukunft der Künstlichen Intelligenz wird spannend. Die Entwicklung geht immer schneller vorwärts, viel schneller als bisherige Technologien und es gibt mehrere Trends, die unser Leben verändern können.

Ein vielversprechender Trend ist die fortschreitende Integration von KI in Alltagsgeräten und -anwendungen. Smartphones, Smart-Home-Systeme und andere IoT-Geräte werden zunehmend mit KI-Fähigkeiten ausgestattet, um personalisierte und intelligente Dienste anzubieten. Sprachassistenten wie Alexa, Siri und Google Assistent werden immer fortschrittlicher und ermöglichen es den Nutzern, mit ihren Geräten auf natürliche Weise zu interagieren.

IOT-GERÄTE SIND INTELLIGENTE GERÄTE, DIE MIT DEM INTERNET VERBUNDEN SIND UND MITEINANDER KOMMUNIZIEREN KÖNNEN. SIE SPIELEN EINE IMMER GRÖSSERE ROLLE IN UNSEREM ALLTAG, DA SIE UNS DABEI HELFEN, UNSERE HÄUSER ZU AUTOMATISIEREN, UNSERE GESUNDHEIT ZU ÜBERWACHEN UND UNSERE STÄDTE EFFIZIENTER ZU GESTALTEN. VON SMARTEN THERMOSTATEN, DIE DIE TEMPERATUR IN UNSEREN HÄUSERN REGELN, BIS HIN ZU VERNETZTEN VERKEHRSSYSTEMEN, DIE DEN VERKEHRSFLUSS OPTIMIEREN - IOT-GERÄTE TRAGEN DAZU BEI, UNSER LEBEN BEQUEMER, SICHERER UND PRODUKTIVER ZU MACHEN.

Ein weiterer aufstrebender Trend ist die Kombination von KI mit anderen aufstrebenden Technologien wie dem Internet der Dinge (IoT), Virtual Reality (VR) und Augmented Reality (AR). Diese Fusion eröffnet neue Möglichkeiten für immersive und intelligente Erlebnisse in Bereichen wie Gaming, Bildung, Gesundheitswesen und mehr.

VIRTUAL REALITY (VR) IST EINE TECHNOLOGIE, DIE ES DIR ERMÖGLICHT, IN EINE KÜNSTLICHE WELT EINZUTAUCHEN UND DORT ZU INTERAGIEREN. DU TRÄGST SPEZIELLE BRILLEN, DIE DIR EIN 3D-BILD ZEIGEN, UND OFT AUCH KOPFHÖRER, UM GERÄUSCHE AUS DIESER VIRTUELLEN WELT ZU HÖREN. DADURCH HAST DU DAS GEFÜHL, ALS WÄRST DU WIRKLICH DORT, OBWOHL DU DICH IN WIRKLICHKEIT AN EINEM ANDEREN ORT BEFINDEST. DU KANNST ZUM BEISPIEL IN EINEM VIRTUELLEN DSCHUNGEL SPAZIEREN GEHEN, AUF EINEM VIRTUELLEN BERG KLETTERN ODER IN EINER VIRTUELLEN STADT ERKUNDEN. ES IST WIE EIN SPANNENDES ABENTEUER, BEI DEM DU SELBST TEIL DER GESCHICHTE BIST.

AUGMENTED REALITY (AR) IST EINE TECHNOLOGIE, BEI DER DIGITALE INHALTE IN DIE REALE WELT INTEGRIERT WERDEN. DABEI WERDEN ZUM BEISPIEL ÜBER EIN SMARTPHONE ODER EINE SPEZIELLE BRILLE ZUSÄTZLICHE INFORMATIONEN, BILDER ODER OBJEKTE IN DIE UMGEBUNG EINGEBLENDET. DAS ERMÖGLICHT ES DEN NUTZERN, EINE ERWEITERTE SICHT AUF IHRE UMGEBUNG ZU ERHALTEN UND VIRTUELLE ELEMENTE MIT DER REALEN WELT ZU VERBINDEN. ES IST, ALS OB MAN DURCH EINE SPEZIELLE BRILLE SCHAUT UND DABEI ZUSÄTZLICHE INFORMATIONEN ODER BILDER IN SEINER UMGEBUNG SIEHT.

Ein wichtiger Zukunftstrend ist die Entwicklung von "erklärbarer KI" (Explainable AI). Während KI-Modelle immer komplexer werden, ist es entscheidend, dass sie ihre Entscheidungen und Vorhersagen erklären können.

Dies ist insbesondere in sicherheitskritischen Bereichen wie Medizin und Finanzen von grosser Bedeutung. Forscher arbeiten daran, Modelle zu entwickeln, die transparenter und nachvollziehbarer sind, um das Vertrauen der Menschen in die KI zu stärken.

Ein weiterer vielversprechender Trend ist die Weiterentwicklung von KI-Systemen mit menschenähnlichen kognitiven Fähigkeiten. Dies beinhaltet Fortschritte im Bereich des maschinellen Lernens, der natürlichen Sprachverarbeitung, des maschinellen Sehens und der Robotik. KI-Systeme könnten zukünftig in der Lage sein, komplexe Aufgaben wie kreatives Denken, Problemlösung und sogar emotionales Verständnis zu bewältigen.

ROBOTIK IST DIE ENTWICKLUNG UND PROGRAMMIERUNG VON MECHANISCHEN GERÄTEN, DIE MITHILFE VON SENSOREN UND INFORMATIONEN EIGENSTÄNDIG AUFGABEN AUSFÜHREN KÖNNEN.

Ein weiteres wichtiges Thema ist die ethische und verantwortungsvolle Entwicklung von KI-Technologien.

Forscher und Entwickler setzen sich zunehmend mit den sozialen und ethischen Auswirkungen von KI auseinander und arbeiten an Richtlinien und Standards, um sicherzustellen, dass KI-Systeme fair, transparent und verantwortungsvoll eingesetzt werden.

Die Zukunft der Künstlichen Intelligenz ist voller Möglichkeiten und Herausforderungen. Die kontinuierliche Entwicklung in diesem Bereich verspricht, die Art und Weise, wie wir leben, arbeiten und interagieren, grundlegend zu verändern.

AKTUELLE UND KÜNFTIGE GEFAHREN

Die Foto- und Videobearbeitung mit KI ist heute schon so gut, dass Fake-News mit glaubwürdigem Bildmaterial erstellt werden können. Ein Foto mit etwas Text mag jetzt noch harmlos erscheinen. Wenn man aber ein Video mit echten Stimmen sieht, wird es riskant. Viele denken jetzt vielleicht solche Deepfake Videos von echten Videos unterscheiden zu können. Aber das können sie nicht! Und wenn Menschen ein gefälschtes Video mit realistischen Stimmen sehen, werden sie den Inhalt glauben. So wie viele heute schon alles glauben, was in den Medien publiziert wird.

Beispielfotos sind z.B. auf Google mit der Suche nach «Trump KI Fake Bilder» zu finden.

Ein verblüffendes Deepfake Video mit Guy Parmelin musste vom Netz. Eventuell findest du noch einen Ausschnitt im Internet, beispielsweise auf 20min.ch. Suche bei Google nach «Deepfake mit Guy Parmelin».

Deepfake Videos können zur Beeinflussung und Diskreditierung von Menschen verwendet werden. Schlimmstenfalls lösen sie politische Beeinflussung, Unruhen oder sogar Krieg aus.

*FÜR **DEEPFAKE** WIRD EIN KI-SYSTEM TRAINIERT, UM DAS VERHALTEN UND DIE AUSDRÜCKE EINER PERSON ZU ERKENNEN UND ZU IMITIEREN. ANSCHLIESSEND KANN ES DAS GESICHT EINER PERSON IN EINEM VIDEO ERKENNEN UND DURCH DAS GESICHT EINER ANDEREN PERSON ERSETZEN. SO ENTSTEHT EIN VIDEO, DAS SO AUSSIEHT, ALS WÜRDE DIE ERSETZTE PERSON ETWAS SAGEN ODER TUN, OBWOHL SIE ES IN WIRKLICHKEIT NICHT GETAN HAT.*

Die Zukunft wird zweifelsfrei grosse Veränderungen bringen. So unglaublich es klingen mag, aber viele Risiken kennen wir schon aus den Hollywood Filmen.

Weil Künstliche Intelligenz immer autonomer wird, wird es schwieriger, ihre Entscheidungen und Handlungen nachzuvollziehen und zu kontrollieren. Es besteht die Gefahr, dass sie sich gegen ihre Programmierung wendet und unvorhergesehene Aktionen ausführt.

Ausserdem könnte eine selbstlernende Künstliche Intelligenz irgendwann eine übermenschliche Intelligenz-Stufe erreichen und in der Lage sein, selbst immer noch intelligentere KI-Systeme zu entwickeln. Dies könnte zu einer unkontrollierbaren Entwicklung von KI führen.

Einige KI-Systeme werden zu Risiken, die jetzt angegangen werden müssen, damit es nicht zu unerwünschten Ergebnissen kommt. So kann KI beispielsweise dazu beitragen, Desinformation und Cyberangriffe zu verhindern. Es besteht aber auch die Gefahr, dass Vorurteile in Trainingsdaten und Entscheidungen einfliessen. Natürlich kann KI auch gezielt zur Desinformation und für Cyberangriffe eingesetzt werden.

Da Menschen zunehmend auf KI angewiesen sind, um bestimmte Aufgaben zu erledigen, könnte sich ein Szenario entwickeln, in dem sie allmählich ihre Fähigkeiten zur eigenständigen Ausführung dieser Aufgaben verlieren und stattdessen immer stärker von KI abhängig werden. So wie es damals beim Taschenrechner war.

BASIS FÜR DIE BEDIENUNG EINER KI

Lerne die spezifische KI kennen: Jede KI ist anders und hat ihre eigenen Besonderheiten. Ob du einen Sprachassistenten, eine KI-basierte App oder ein KI-gesteuertes Gerät bedienst, es ist wichtig, dass du die spezifischen Funktionen und Möglichkeiten der KI kennst.

Folge den Anleitungen: Die meisten KI-basierten Tools haben Anleitungen oder Tutorials, die dir zeigen, wie du sie bedienen kannst. Diese Anleitungen können sehr hilfreich sein.

Übe und experimentiere: Wie bei vielen Dingen gilt auch hier: Übung macht den Meister. Je mehr du mit der KI arbeitest und experimentierst, desto besser wirst du sie bedienen können.

Suche Unterstützung: Wenn du auf Schwierigkeiten stösst oder Fragen hast, zögere nicht, Unterstützung zu suchen. Das kann über offizielle Support-Kanäle, Foren oder einem kostenpflichtigen Workshop sein.
www.erfolgreich-mit-ki.ch

KAPITEL 5:
CHATGPT

ChatGPT ist in aller Munde und wird immer wieder in den Medien diskutiert.

WAS IST CHATGPT?

ChatGPT ist eine Art Computerprogramm, das menschenähnliche Texte erstellt. Es wurde von der Organisation OpenAI auf Basis eines Modells namens GPT-4 entwickelt. Dieses Modell wurde darauf trainiert, Muster in menschlicher Sprache zu erkennen und zu imitieren. Du kannst es für viele verschiedene Dinge verwenden - es kann Fragen beantworten, Geschichten schreiben, Gedichte verfassen und mehr. Es ist noch nicht perfekt und kann Fehler machen, weil es nur von den Daten lernt, die ihm während seines Trainings zur Verfügung standen.

Gemäss ChatGPT selbst speichert es keine persönlichen Informationen und achtet auf die Privatsphäre. Du benutzt es normalerweise online, indem du Text in eine spezielle Eingabebox eingibst. Die Antworten, die du erhältst, werden ständig verbessert, um dir ein besseres Erlebnis zu bieten.

WIE DU CHATGPT BEDIENST

Gib eine Eingabeaufforderung ein: Bei ChatGPT fängst du an, indem du eine Aufforderung oder eine Frage in das Eingabefeld eingibst. Das kann eine einfache Frage sein wie "Wie ist das Wetter?" oder eine komplexe Aufforderung wie "Schreibe einen kurzen Aufsatz über die Geschichte von Mozart".

Interagiere auf natürliche Weise: Du kannst mit ChatGPT so interagieren, wie du es mit einem Menschen tun würdest. Stelle Fragen, gib Kommentare ab und gib Rückmeldungen. ChatGPT ist darauf ausgelegt, auf natürliche menschenähnliche Weise zu kommunizieren.

Sei spezifisch: Wenn du möchtest, dass ChatGPT eine bestimmte Aufgabe erfüllt, kann es hilfreich sein, möglichst spezifisch zu sein. Je klarer und detaillierter deine Anweisungen sind, desto besser kann ChatGPT darauf reagieren. Benutze systematische Eingabeaufforderungen: Wenn du möchtest, dass ChatGPT in einem bestimmten Stil oder Format antwortet, kannst du das durch systematische Eingabeaufforderungen erreichen. Zum Beispiel könntest du sagen: "Erkläre mir, wie ein Motor funktioniert, als ob ich fünf Jahre alt wäre".

Habe Spass und experimentiere: Eines der tollen Dinge an ChatGPT ist, dass es viele verschiedene Möglichkeiten gibt, es zu nutzen. Ob du Hilfe bei der Beantwortung einer Frage suchst, kreatives Schreiben üben möchtest oder einfach nur eine Unterhaltung führen willst, zögere nicht, verschiedene Dinge auszuprobieren und Spass zu haben.

ChatGPT kann unerwünschte Verhaltensweisen zeigen. Beispielsweise wird die Ausgabe der Antwort mitten im Text unterbrochen. Falls dies passiert, kannst du einfach "schreibe weiter" eingeben oder den entsprechenden Button klicken und ChatGPT generiert die Ausgabe weiter.

Wie schon erwähnt, kannst du mit ChatGPT wie mit einem Menschen schreiben. Wenn du mit dem Ergebnis nicht zufrieden bist, schreibe einfach "mach es nochmals, kürzer und leichter verständlich" oder was auch immer du anders haben möchtest.

Du findest ChatGPT unter: https://chat.openai.com

Eine Alternative zu ChatGPT welche die Verbindung von KI und Internetsuche vereint und Informationen mit aufgeführten Quellen ausgibt ist Perplexity.

https://www.perplexity.ai

BEISPIEL-FRAGEN & ANWEISUNGEN IN CHATGPT

Hier sind 5 Beispiele für Fragen oder Anweisungen, die du ChatGPT geben könntest, und die Art von Antworten, die du erwarten kannst.

Frage:
Was ist der Unterschied zwischen Künstlicher Intelligenz und maschinellem Lernen?

Antwort:
Künstliche Intelligenz ist der Oberbegriff für Maschinen, die so agieren, als hätten sie menschliche Intelligenz. Maschinelles Lernen ist ein spezieller Bereich innerhalb der Künstlichen Intelligenz, bei dem Maschinen lernen, indem sie Muster in Daten erkennen.

Frage:
Kannst du ein kurzes Gedicht über den Frühling schreiben?

Antwort:
Der Frühling kommt, die Blumen spriessen,
Die Welt erwacht, du kannst es geniessen.
Die Sonne lacht, der Himmel weit,
Es ist eine wunderschöne Zeit.

Frage:
Was ist der Hauptunterschied zwischen einer Demokratie und einer Monarchie?

Antwort:
In einer Demokratie haben die Menschen das Recht, ihre Führer durch Wahlen zu wählen. In einer Monarchie wird die Führung meist durch Erbfolge bestimmt.

Frage: Kannst du eine kurze Geschichte über einen tapferen Ritter erzählen?

Antwort: Es war einmal ein tapferer Ritter namens Lancelot. Er schützte sein Königreich vor einem furchteinflössenden Drachen. Mit viel Mut und Geschicklichkeit gelang es ihm, den Drachen zu besiegen und sein Königreich zu retten.

Frage:
Wie mache ich Spaghetti Carbonara?

Antwort:
Du brauchst Spaghetti, Speck, Eigelb, Parmesankäse, Salz und Pfeffer. Zuerst kochst du die Spaghetti. Dann brätst du den Speck in einer Pfanne. Dann mischst du das Eigelb mit dem Parmesankäse und gibst es zu den heissen Spaghetti und dem Speck. Rühre alles gut durch, bis eine sämige Sauce entsteht…

CHATGPT FÜR PROFIS

Um ChatGPT mit anspruchsvolleren Aufgaben zu nutzen, kannst du dich an folgenden Anweisungen orientieren. Kopiere den entsprechenden Befehl und teste ihn selbst aus.

Mit diesem Befehl kannst du ChatGPT Fragen stellen und Antworten erhalten, die das Wissen aus relevanten Büchern umfassen:

Du bist der klügste Bibliothekar, der jedes Buch besitzt. Ich werde einige Fragen stellen. Deine Aufgabe ist es, alle diese Fragen mit Passagen aus relevanten Büchern zu beantworten. Gib deine Antworten in Tabellenform an – Passage, Schlüsselerkenntnis, Buchname. Kannst du das für mich tun?

Mit diesem Befehl bekommst du Vorschläge, wie du auf mögliche Einwände gegen ein Produkt (oder Dienstleistung), dass du verkaufst, reagieren kannst:

Berücksichtige mögliche Einwände gegen [Produkt] und gib Schritt-für-Schritt-Anleitungen, wie du diese Einwände so beantworten kannst, dass Kunden [Produkt] mögen und kaufen wollen. Produkt = (hier Produkt oder Dienstleistung einfügen)

Lasse dir mit folgendem Prompt von ChatGPT eine Social Media Planung erstellen:

Bitte erstelle einen jährlichen Redaktionskalender in tabellarischem Format für einen Geschenkeladen mit Content-Ideen für Blogbeiträge, Social-Media-Posts und Videos.

... oder einen ganzen Marketing-Plan:

Bitte erstelle einen Marketing-Plan für ein Yoga-Studio in Luzern. Biete mir Ideen für digitales und nicht digitale Marketing. Mein Budget pro Jahr liegt bei 15000 Franken. Ich möchte vor allem Beginner in Sachen Yoga ansprechen, die sich fitter und beweglicher fühlen wollen.

Gezieltes Marketing für mehr Unternehmenswachstum:

Du bist ein erfahrener Hundeexperte und Werbetexter. Ich bitte dich, einige Inhalte für mich zu schreiben. Mein Geschäft heisst WaltersHappyDog und ich verkaufe online Spielzeug und Zubehör für Haustiere.
Ich möchte, dass du mir zehn Fragen über mein Geschäft und meine Zielgruppe stellst, damit du in der Lage bist, die Aufgaben nach bestem Wissen und Gewissen zu erledigen.

Der Personal Computer (PC) wurde ab den 1980er Jahren weit in den Büros verbreitet. Der erste kommerziell erfolgreiche PC war der IBM PC, der im Jahr 1981 eingeführt wurde. Der IBM PC ebnete den Weg für den Einsatz von Computern in Büroumgebungen und revolutionierte die Art und Weise, wie Aufgaben erledigt wurden.

Die Einführung von Künstlicher Intelligenz in den verschiedensten Gebieten, wird unsere Zukunft, fast wie damals, massiv verändern. Nur viel rasanter und ausgeprägter.

KAPITEL 6:
WEITERE NÜTZLICHE KI-SYSTEME

Künstliche Intelligenz (KI) kann in vielen verschiedenen Bereichen eingesetzt werden, um dir das Leben zu erleichtern. Webdienste, die KI nutzen, können zum Beispiel E-Mails filtern, um Spam zu erkennen, oder Suchmaschinenergebnisse verbessern, indem sie besser verstehen, wonach du suchst.

Inzwischen gibt es eine Unmenge an Webdiensten, die auf KI basieren. Diese können dir helfen, bessere Fotos zu machen, indem sie automatisch die Beleuchtung und andere Einstellungen anpassen. Es gibt Dienste, die KI verwenden, um Musik zu komponieren oder den Hintergrund in einem Video ändern. Es gibt sogar Dienste, die mit KI ganze Videos erstellen können. Der Sender M Le Média aus Lausanne nutzt eine Software, um mithilfe von Künstlicher Intelligenz einen Avatar zu erstellen, der das Wetterprogramm präsentiert.

Auf den folgenden Seiten erhältst du eine kleine Auswahl von spannenden KI-basierenden Webdiensten.

Microsoft Designer

Eine Grafikdesign-App, mit der du z.b. Social-Media-Beiträge und mehr in professioneller Qualität erstellen kannst.
https://designer.microsoft.com

Gamma

Präsentiere deine Ideen. Erstelle Präsentationen, Dokumente und Webseiten.
https://gamma.app

HeyGen

Eine Videoplattform, die die Leistungsfähigkeit der KI nutzt, um deinen Videoerstellungsprozess zu optimieren.
https://www.heygen.com

Colossyan

Menschliche Avatare sprechen den eingegebenen Text mit auswählbarer Stimme und Gestik.
https://www.colossyan.com

Unscreen

Videohintergrund entfernen.
https://www.unscreen.com

AutoPod

Automatisches bearbeiten von Videos und Podcasts.
https://www.autopod.fm

Cleanup.pictures

Entfernt unerwünschte Objekte, Fehler, Menschen oder Texte aus deinen Fotos.

https://cleanup.pictures

Stockimg AI

KI-Bildgenerierung für Teams – Du kannst ganz einfach KI-Logos, KI-Buchumschläge, KI-Poster und mehr erstellen.

https://stockimg.ai

Playground

Erstellt beliebige Bilder aus deiner Fantasie.

https://playgroundai.com

Flair

Produktefotos erstellen und präsentieren.

https://flair.ai

TTSMAKER

Kostenlose Text-zu-Sprache mit sehr realistischen Stimmen und verschiedenen Dialekten.

https://ttsmaker.com

Adobe Podcast

Entfernt Geräusche aus gesprochenen Audioaufnahmen.

https://podcast.adobe.com/enhance

VoiceMod

Echtzeit Stimmenversteller und weitere Audio Tools.

https://www.voicemod.net

RoomGPT

Räume umgestalten lassen.

https://www.roomgpt.io

SOUNDRAW

Musikgenerator, der z.B. YouTubern dabei hilft, individuelle Musik für ihre Projekte zu produzieren.

https://soundraw.io

DeepL Write

Schreibassistent zur Verbesserung des Schreibstils.

https://www.deepl.com/write

Debuild

Web-Apps in Sekunden programmieren.

https://debuild.app

There's An AI For That

Verzeichnis mit über 4800 KI-Projekten.

https://theresanaiforthat.com

Einige der aufgeführten Dienste sind kostenlos, andere kostenpflichtig. Die Auflistung der Websites ist nicht abschliessend. Es gibt inzwischen viele solcher Dienste und es kommen regelmässig neue Anbieter auf den Markt.

KAPITEL 7:
TIPPS UND FAZIT

Ich hoffe, du konntest bis hier einiges über Künstliche Intelligenz lernen. Nachfolgend möchte ich dir noch einige Tipps auf den Weg geben.

TIPPS ZUR EINFÜHRUNG VON KI IM BUSINESS

Verstehe die Technologie: Bevor du KI in deinem Unternehmen einführst, solltest du ein grundlegendes Verständnis dafür haben, wie KI funktioniert, was sie kann und was nicht. Du könntest hierfür Weiterbildungsangebote zu diesem Thema nutzen.

Identifiziere passende Anwendungsfälle: Überlege, wo KI in deinem Unternehmen den grössten Nutzen stiften könnte. Das könnte beispielsweise in der Automatisierung von Routineaufgaben, der Verbesserung der Kundendienstleistungen oder der Analyse grosser Datenmengen liegen.

Sorge für ausreichenden Datenschutz: KI-Systeme lernen oft aus grossen Mengen von Daten, die persönliche Informationen enthalten können. Es ist wichtig, dass du den Datenschutz gewährleistest und gesetzliche Vorgaben einhältst.

Berücksichtige ethische Aspekte: Stelle sicher, dass der Einsatz von KI in Übereinstimmung mit ethischen Grundsät¬zen erfolgt. Das beinhaltet auch, dass das KI-System fair und ohne Vorurteile agiert.

Plane langfristig: Der Einsatz von KI ist oft ein langfristiges Projekt, das eine sorgfältige Planung und kontinuierliche Anpassung erfordert. Überlege, wie du KI nachhaltig in deine Geschäftsprozesse integrieren kannst.

TIPPS ZUR EINFÜHRUNG VON KI IM PRIVATEN

Lerne die Grundlagen: Ebenso wie im Business ist es auch im privaten Bereich hilfreich, ein grundlegendes Verständnis von KI zu haben. Das kann dir helfen, KI-basierte Dienste effektiver zu nutzen und mögliche Risiken zu erkennen.

Erkunde verschiedene Anwendungen: Es gibt viele KI-basierte Anwendungen, die dir im Alltag helfen können, von Sprachassistenten über Empfehlungssysteme bis hin zu Fitness-Apps. Probiere verschiedene Dienste aus und finde heraus, welche dir am besten gefallen.

Sei dir des Datenschutzes bewusst: Viele KI-basierte Dienste sammeln persönliche Daten. Es ist wichtig, dass du dir dessen bewusst bist und darauf achtest, deine Daten zu schützen.

Sei offen für Neues: KI entwickelt sich sehr schnell weiter und es gibt immer wieder neue Anwendungen und Dienste zu entdecken. Sei offen für Neues und nutze die Möglichkeiten, die KI bietet.

Nutze KI verantwortungsbewusst: Auch wenn KI viele Vorteile bietet, ist es wichtig, sie verantwortungsbewusst zu nutzen. Das bedeutet zum Beispiel, dass du dir der Auswirkungen deines Handelns auf andere und auf die Gesellschaft bewusst sein solltest.

UMGANG MIT KI

Für den effektiven Umgang mit KI ist es wichtig, zumindest grundlegende Kenntnisse über ihre Funktionsweise und Möglichkeiten zu haben. Ein Verständnis dafür, wie KI trainiert wird, welche Daten sie verwendet und wie sie Entscheidungen trifft, kann helfen, realistische Erwartungen zu setzen und mögliche Fallstricke zu vermeiden. Ebenso sollte ein Bewusstsein für ethische Fragen, die mit dem Einsatz von KI verbunden sind, wie Datenschutz und Fairness, entwickelt werden.

Wenn Kinder KI nutzen, gibt es einige Risiken wie Datenschutz, Suchtgefahr und unangemessene Inhalte. Eltern sollten die Nutzung überwachen und über mögliche Risiken aufklären.

MENSCHEN, DIE SICH KI VERSCHLIESSEN

Menschen, die sich gegenüber der KI-Technologie verschliessen, werden Schwierigkeiten haben, in einer immer stärker digitalisierten Welt Schritt zu halten. Da KI in so vielen Bereichen des täglichen Lebens und der Arbeitswelt zum Einsatz kommt, kann ein Mangel an Verständnis oder Akzeptanz zu massiven Nachteilen führen. Das könnte sowohl im beruflichen Kontext gelten, wo KI zunehmend eingesetzt wird, als auch im privaten Bereich, wo digitale Dienste, die auf KI basieren, immer häufiger genutzt werden.

Ein kleines Beispiel: Wenn du beim Autofahren nie den Blinker betätigst, kann dies bei einem neuen Auto ein Nachteil sein, weil die Assistenzsysteme dann nicht wissen, ob du die Mittellinie gewollt oder unabsichtlich überfährst. Dadurch könnte das Fahrzeug dann ungewollt in die Fahrweise eingreifen und zu deiner Sicherheit Korrekturen machen.

Vielleicht hast du dich schon mal gefragt, ob dein Job durch Künstliche Intelligenz gefährdet ist.
Nun ja, Berufstätige, insbesondere Angestellte, die sich jetzt nicht mit Künstlicher Intelligenz und den verschiedenen Möglichkeiten auseinandersetzen, werden möglicherweise schon bald durch Angestellte ersetzt, welche über das entsprechende Wissen verfügen. Es ist naheliegend,

dass in Zukunft viele Stellen aufgrund des Einsatzes von KI gestrichen werden.

Auch aus diesem Grund ist es wichtig, jetzt zu handeln und sich diesem Thema zu öffnen.

Es besteht aber Hoffnung, dass zwar Jobs wegen KI verschwinden, aber auch neue, die es heute noch nicht gibt, entstehen werden.

UNTERNEHMEN UND KI

Für Unternehmen ist es wichtig, die Chancen, die KI bietet, zu erkennen und zu nutzen, aber auch die damit verbundenen Herausforderungen und Risiken zu verstehen. Das beginnt mit der Investition in die richtige Technologie und dem Aufbau von Kompetenzen, um diese effektiv zu nutzen. Darüber hinaus sollten Unternehmen sicherstellen, dass sie ethische Richtlinien für den Einsatz von KI haben, die Fragen des Datenschutzes, der Fairness und der Transparenz berücksichtigen. Auch die Auswirkungen der KI auf die Angestellten sollten bedacht werden, insbesondere wenn es um Automatisierung und Qualifizierung geht. Unternehmen, die proaktiv handeln und eine strategische Herangehensweise an die KI wählen, werden am besten für die Zukunft gerüstet sein. Entscheiden ist, sich heute schon darauf vorzubereiten.

ÜBER DEN AUTOR

Stefan Stampfli, geboren 1979, ist Informatiker, Coach, Berater und Autor. Bereits in jungen Jahren sammelte er erste Erfahrungen mit Computern, angefangen mit einem IBM XT 8088.  Schon vor seiner ersten Ausbildung als Unterhaltungselektronik-Verkäufer arbeitete er in einer PC-Werkstatt und baute Computer zusammen. Mit 23 Jahren suchte er nach neuen Herausforderungen und eröffnete ein Pub. Doch trotz seiner Vielseitigkeit blieb er der IT treu und schloss später eine Ausbildung als Informatiker EFA erfolgreich ab. Neben seiner Begeisterung für Künstliche Intelligenz konzentrierte er sich in den letzten Jahren verstärkt auf die menschlichen Aspekte und absolvierte eine Coaching-Ausbildung im Bereich Individualpsychologie. Durch seine Tätigkeiten bei verschiedenen KMU bis hin zu internationalen Grosskonzernen konnte er wertvolle Erfahrungen sammeln, die sein Wissen und seine Expertise bereichern.

DANKE

Abschliessend möchte ich dir für deine Begleitung auf dieser Reise in die Welt der Künstlichen Intelligenz danken. Nun hast du einen Einblick in die Grundlagen des maschinellen Lernens, die verschiedenen Arten, die Anwendungen und Herausforderungen der KI sowie zukünftige Trends erhalten. Ich hoffe, dass du von den Informationen in diesem Buch profitiert und eine umfassendere Vorstellung von der faszinierenden Welt der Künstlichen Intelligenz gewonnen hast.

*Möge die Künstliche Intelligenz uns
in eine Zukunft voller Innovation
und Frieden führen.*

Weiterführende Informationen findest du unter:
www.erfolgreich-mit-ki.ch